絵で見る
日本の図書館の歴史

監修：奥泉和久
文：堀切リエ　絵：いしい つとむ

子どもの未来社

もくじ

大昔から現代までのっているよ！

年表　日本の図書館に関する主なできごと

はじめに［作者／堀切リエ］ …… 3

文字の誕生と記録 …… 4

紙の発明と本の形 …… 6

本が海をわたってきた　飛鳥・奈良時代 …… 8

たくさんの本を収めた場所　奈良・平安時代 …… 10

写経所は昔の図書館？　奈良・平安時代 …… 12

貴族の文庫と女性作家の登場　平安時代 …… 14

武士のつくった文庫と学校　鎌倉・室町時代 …… 16

大名・貴族の文庫と町の本屋　室町〜江戸時代 …… 18

江戸幕府の出版事業　江戸時代 …… 20

武士も町民も本を読む　江戸時代 …… 22

子どもも農民も本を読む　江戸時代 …… 24

近代図書館のはじまり　明治時代 …… 26

各地に図書館が誕生　明治時代 …… 28

"図書館の父" 佐野友三郎　明治時代 …… 30

図書館の発達と国の教育　明治・大正時代 …… 32

図書館のサービスと大震災　大正時代 …… 34

戦時下の図書館　大正・昭和時代 …… 36

占領下につくられた図書館　昭和時代 …… 38

法律の制定と読書運動のはじまり　昭和時代 …… 40

子どもたちに読書の場を　昭和時代 …… 42

読書運動と図書館設立運動　昭和時代 …… 44

生活の場に図書館を！　昭和時代 …… 46

図書館は人びととともに　昭和・平成時代 …… 48

情報の電子化と大震災　平成時代 …… 50

図書館ってどんな場所？　現代 …… 52

図書館学の5つの法則とは …… 54

自由研究の手引き　あなたの町の図書館の歴史を調べてみよう …… 55

おわりに［監修者／奥泉和久］ …… 56

さくいん

はじめに

みなさんの住んでいる町や、通っている学校には図書館がありますね？

みなさんは、一度は図書館を利用したことがあるでしょう。

その図書館は、いつ、だれが、なんのためにつくったのかを知っていますか？

ずっと昔、文字が生まれ、その文字を書きとめる方法が発明されると、人びとは記録として残すようになりました。その記録をまとめて保管する場所もできました。

そして、ためになる教えや言葉は、多くの人に伝えるために、手作業で写して増やしていきました。このころ、本は1冊つくるのに長い時間がかかり、とても貴重なものでした。

やがて印刷の技術が発達すると、新聞や雑誌や本を、多くの人が読めるようになりました。本を整理して保管する文庫、貸本屋、書店もできました。

世界の図書館に学んで、近代的な図書館が日本にできたのは、明治時代です。でも、そのころは図書館を利用するのにお金がかかりました。戦争中は空襲で、多くの図書館や本が焼けてしまいました。戦火を逃れて地方の土蔵などに疎開した本もあります。国のすすめる本しか読めない時代もありました。

今では、だれでも無料で好きな本を読んだり、借りたり、図書館のさまざまなサービスを受けることができます。

この本では、図書館の前身とも言える歴史と、近代的な図書館が導入されてから現在までを通して、図書館がどう変化していったかを追っていきます。

本と本の集まる場所は、人びとに必要とされ、自然に人びとが集まり、学ぶ場ともなっていきます。図書館の歴史を追っていくと、私たちが普段利用している図書館がどういう場所なのかがわかり、きっと今までとちがった面も見えてくるでしょう。

それでは、大昔から現代まで、本と図書館の歴史を楽しんでください。

巻頭に日本の図書館に関する歴史年表、巻末には、さくいんを載せました。また、あなたの町の図書館の歴史を調べてみたいときは、55頁を参考にしてください。

作者／堀切リエ

ニャンだか
たのしみ！

文字の誕生と記録

文字が誕生する

人類は言葉を生みだし、言葉のやりとりでコミュニケーションをとっていました。言葉はその場かぎりのものですが、やがて文字が生まれると、記録として残しておけるようになりました。人類の初めての文字は、メソポタミア文明が生みだした楔形文字で、紀元前5000年以上前に誕生したと考えられています。エジプト文明では象形文字（ヒエログリフ）が、中国文明では漢字が、古代インドでは梵字（サンスクリットの文字）が使われていました。

古代文明が発達した場所には、それぞれ文字が生まれた。その文字を記録する物や、やり方も、気候や文化に根ざした独自の方法があった。いちばん古いとされる楔形文字は、紀元前5000年以上前に誕生したといわれている。

文字を記録する

　世界各地で生まれた文字は、記録の仕方もさまざまでした。楔形文字は、ねんど板に植物のアシの先をとがらせたペンで刻み、かわかして保存しました。象形文字は、パピルス草（カヤツリグサ科）のくきの皮をはいで重ね、たたいてうすくのばしたものに、アシのペンで書きました。

　漢字は、カメのこうらや動物の骨（甲骨）に刻みつけたり、細長く切った木や竹に書いたりしました。梵字は、パルミラヤシの長い葉を乾燥させて書きました。

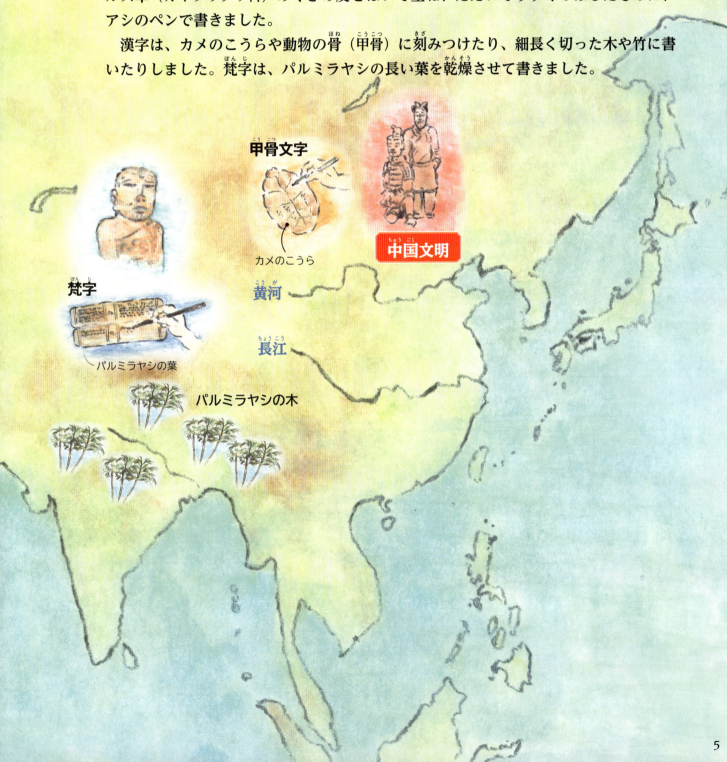

紙の発明と本の形

文字が記録された素材

▶甲骨
カメのこうらやウシの肩甲骨などに刻む（古代中国）

▲パピルス（古代エジプト）

▲パルミラヤシ（貝多羅葉）
乾燥させたヤシの葉に書く（古代インド）

▲ねんど板（メソポタミア）

▲羊皮紙（ヨーロッパ諸国）

❖ 文字は何に記録されたか

　石、ねんど、木、葉、カメのこうら、動物の骨など、文字はさまざまなものに記録されました。

　古代エジプトで植物からつくられたパピルスは、軽くて便利で、周辺の地域へ輸出されました。

　パピルスが手に入りにくい地域では、羊皮紙をつくるようになりました。材料はヒツジ、ヤギ、子ウシの皮で、皮を洗って石灰液につけ、毛や肉を取り、木のわくに張って、ナイフや石で表面をなめらかにします。

　わたしちが現在使っている紙は、まだ発明されていませんでした。

❖ 紙はいつどこで発明された？

　紙の製法は、105年ころ、中国の蔡倫という役人が完成させました。植物などの繊維を水中でバラバラにして、うすく平らにのばしてすくい、かわかしてつくります。軽くてじょうぶな紙の製法は世界的な大発明で、つくり方は秘密にされていました。日本には7世紀に伝わったとされています。

紙の製法　中国の図（『天工開物』宋 應星／著より）

1
▲竹を切り、ため池につけておく。

2
▲たたいて皮を取り、竹を煮る。

3
▲繊維状になった竹を、すだれですく。

4
▲すだれを裏返し、紙を積み重ねる。その後、1枚ずつかべにはって、火であぶってかわかす。

文字を記録する物と方法はいろいろあったが、軽くてじょうぶな紙の製法は大発明で、中国から世界中に広がっていった。記録した物からつくられる本の形もそれぞれで、だんだん読みやすい形に変わっていった。

❖ 紙のつくり方が世界へ

秘密にされていた紙の製法は、タラス河畔の戦い（751）の時、イスラム教徒につかまった中国人によって、8世紀ごろに西アジア、中東へと伝わります。紙は行く先ざきで使われて、文化の発展を助けました。

ヨーロッパでは15世紀に印刷機が発明されると、紙が大量に必要になり、一気に広がりました。アメリカに伝わるのは17世紀末です。

日本ではじょうぶで美しい和紙が開発され、障子などの生活用具にもはば広く使われます。

紙のつくり方が伝わった経路

紙は世界を変えていったんだね！

❖ 昔の本の形は？

パピルスは、強度がないので巻いて使いました。羊皮紙は強度があり、折りたたむこともできました。半分に折って、折り目を縫ってとじたものが、今の本の原型になりました。

日本では軸を入れて紙を巻いた本を巻子本と呼び、読んだところを巻き取りながら、先へと読み進めていきます。これでは読みにくいので、軸を取りはずし、一定の行数で折りたたんだのが折本です。

エジプト、ヨーロッパ

◀パピルスの巻物

▶羊皮紙でつくられた本

日本

◀巻子本

▶折本

7

本が海をわたってきた

中国から船で運ばれた本

　飛鳥時代になると、進んだ技術や制度を学ぶために、中国（隋）に船を出し、遣隋使を送るようになります。その後も、中国（唐）へ遣唐使が送られました。1そうの船に100人ほど乗り、4そうほどが同時に海をわたりました。とちゅうでしずんだり流されたり、ぶじに行きつけないことも多い大変な旅を経て、本が日本に届けられたのです。奈良時代の学者吉備真備（695-775）は、2回唐へわたって、経書、史書、天文学、音楽、兵学などを学び、たくさんの本を船に積んで帰ってきました。

> 日本の最初の本は海をこえて大陸からわたってきたもので、それらは漢文で書かれていた。仏教の伝来とともに、仏教の教えが書かれた経典が遣唐使船などで大量に持ち帰られ、それらを保管する図書寮が都につくられた。

国がつくった図書寮

　奈良の都・平城京には、律令制のもと、本や文書を収める図書寮がつくられ、中国から運んできた多くの本や経典がここに収められました。図書寮は、本の管理、国史の編さん、中国や国内の情報の管理などが仕事でした。長官は図書頭で、補佐をするのが図書助で、書写手は本を書き写します。このころ、本は丸ごと写して新しいものをつくっていたので、図書寮には、墨をつくる造墨手、筆をつくる造筆手、紙をつくる造紙手もいました。本の貸し出しもしていましたが、限られた人しか借りられませんでした。

飛鳥・奈良

たくさんの本を収めた場所

❖ 聖徳太子の書斎はどこに？

飛鳥時代に、推古天皇の下で政治を行い、遣隋使の派遣などもした聖徳太子は、仏教を広めるための解説書『三経義疏』や歴史書を書きました。それらの仕事に使ったたくさんの本はどこに収めてあったのでしょう。「書屋」と書かれた台座が発見されたことから、聖徳太子ゆかりの法隆寺にあったと考えられています。

また、夢殿と呼ばれる八角堂は、『三経義疏』を書いているときに、夢に現れた仏にあやかって建てたと伝わっています。

▲法隆寺夢殿

❖ 大事な本を収める倉庫

本を収める倉庫には、校倉造りが多く用いられました。校木と呼ばれる木材を井の字型に組んで、かべとして積み上げます。がんじょうなので、宝物や本（経典）を収める倉庫として使われました。

本を湿気から守るために高床式のものが多く、土台の柱には丸い板がとりつけられていて、ネズミなどの害獣が登れないようにしてあります。

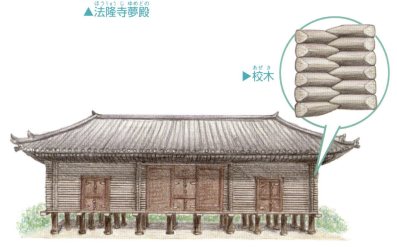
▶校木
▲校倉造りの正倉院

❖ 大学付属の図書館

大宝律令（701）によって、役人の教育のために奈良に大学、地方に国学が置かれました。吉備真備（p.8）が大学の頭に任命されました。定員は400名で、いろいろな分野の教科書が使われていたので、多くの本がそろえられた、まさに大学付属の図書館といった場所があったのでしょう。

これらの本は、目録をもとに厳しく管理され、3年に1度、学生が「虫干し」をしました。虫干しというのは、本に虫やカビがつくのを防ぐために、日に干したり、風にあてたりすることです。

世界最古の印刷物「百万塔陀羅尼」

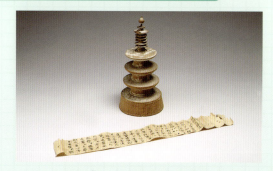

770年、戦いで亡くなった人びとのとむらいと国家の守護・安定を祈念するために、木製の塔の入れ物が100万個つくられ、中には「陀羅尼」というお経の書かれた紙が入れられた。これらは、興福寺、薬師寺、東大寺などの寺に収められたが、今に残るものでは、世界最古の印刷物。木か銅の板に彫ったお経を紙に印刷したと考えられる。

TOPPANホールディングス株式会社 印刷博物館所蔵

大陸からわたってきた本は都の図書寮に収められ、大学や国学などの学校にも本を収めた図書館のような施設がつくられた。このころの本は書き写してつくるのでとても貴重だった。貴族が個人で開いた日本初の公開図書館もできる。

❖ 太宰府の学校にも

　大宰府は、外交や防衛などを受けもつ国家の機関で、政所・公文所・作紙所・貢物所・兵馬所など、18の建物がありました。そのなかの学校院は「府学」、または「府学校」とも呼ばれ、主に九州から集まった200人以上の学生が学んでいました。吉備真備が唐から持ち帰った孔子の肖像画がかざられ、役人を目指す学生は『論語』などの儒教の教えを学びました。医師や技術師を目指す学生もいました。遺跡からは倉庫のような建物跡が見つかっていて、たくさんの本が収められていたようです。

孔子（紀元前552-479）

春秋時代の中国の思想家、哲学者。儒教の創始者。弟子は3,000人いた。論語は、孔子とその弟子たちの儒教の教えをまとめた本で、日本では古くから教科書として使われてきた。「仁」「義」「礼」「智」「信」の5つを守ることを教えた。

写真：九州歴史資料館
▲大宰府（当時の復元図）現在の福岡県太宰府市にあった

❖ 芸亭は日本初の公開図書館

　石上宅嗣（729-781）は、奈良時代一の蔵書家といわれ、自宅の一角の芸亭に、たくさんの本を収めていました。これらの本は一般に公開もしていました。また、本を使って勉強会や討論会、読書会も開かれていました。当時、本はとても貴重だったので、自由に手にとって読むことができる場所はほかになく、ここで勉強して学者になった人もいます。
　芸亭という名前は、中国で文庫を芸室と呼んでいたことと、芸香草（ヘンルーダ）からきています。この草をしおりに使うと、本の虫食いを防げたそうです。

▲石上宅嗣

▲芸亭伝承地の石碑
奈良県奈良市にある

▲芸香草（ヘンルーダ）

奈良・平安

写経所は昔の図書館?

本を写すのはたいへんな仕事

東大寺の造東大寺司は、中国から運んできた図書や経典の書写を担当していました。大きな写経所では、書写生たちがいそがしく働いていました。衣類と道具は、国から支給されます。仏像が安置された部屋で、お経を聞きながら1日中書き写して、1枚にほぼ3,000字、7枚くらいができあがります。まちがいがあると、給料から差し引かれました。「胸が痛み、足がしびれるので、3日に1度は酒を出してほしい」という、書写生の書いた文が残っているので、たいへんな仕事だったのでしょう。

図書寮や大学・国学のほかにも、寺に設けられた写経所では、書写生たちが経典を書き写して、新しいものをつくっていた。これらは、分類・整理・保管して、寺に貸し出された。また、「〇〇寺に〇〇経典がある」などの調査・記録も行っていた。

経蔵はお経の保管場所

　写経所で写された経典は、記号をつけて分類・整理をし、貸し出しも行っていました。寺院はこれらを保管するために、経蔵をつくりました。もっとも古い経蔵は法隆寺にあり、奈良時代に入ると、興福寺、東大寺、唐招提寺など多くの寺院につくられました。東大寺は、聖武天皇（701－756）によって建立された寺で、いくつかの経蔵のなかの聖語蔵には5千巻以上の経典が収められ、そのなかに「積善藤家」という、光明皇后（701－760、聖武天皇の后）の蔵書印＊がおされているものがあります。　＊だれの本か、どこの本かを示すためにおす印

奈良・平安

貴族の文庫と女性作家の登場

❖ 菅原氏の図書館、紅梅殿

　天神様として各地に奉られている菅原道真は、学問の神様としても有名です。その菅原家の私設図書館が「紅梅殿」（京都府京都市）です。建物の前に梅の木があったことから名づけられました。道真は貴重な本を集め、一族の者たちが自由に読めるようにしました。「学問の基本は、まず大事なところにワラをはさみ、そこを書きぬくこと」と教えたのですが、筆で本を汚したり、はさんだワラを引きぬいてしまったりする者がいて、道真は、それを日記『書斎記』でなげいています。やがて、道真は政敵の藤原時平に大宰府（p.11）に追いやられ、紅梅殿の書物は朝廷に没収されてしまいます。

▲5歳の道真像
5歳のころから和歌をよんだという道真は学問の神様として各地に奉られている

▲紫式部

❖ ひらがなと女性作家の登場

　平安時代には、漢字の一部からカタカナが、漢字の草書体からひらがながつくられました。漢文は男性が身につけるべき教養とされ、女性はひらがなで文章を記すようになりました。清少納言の『枕草子』、紫式部の『源氏物語』、菅原孝標女の『更級日記』など、女性の書いた文学が登場しました。清少納言も紫式部も、女房として宮廷で働いていました。どちらも天皇のお后に仕えた教養のある女性で、家庭教師のような役割もしていました。そして、すぐれた和歌や日記や物語を残したのです。また、和歌には性別を問わずにひらがなが用いられるようになり、『古今和歌集』の一首目は、男性の紀貫之がよんだ歌ですが、ひらがなが用いられています。

たくさんあった「あ」

　漢字からできたひらがなには、いくつもの字体があった。1900（明治33）年の「小学校令」で、1つの音に対して1つのひらがなが決められた。それがわたしたちの使っているひらがなで、昔の和歌などに読めない文字があるのはそれ以前のひらがなというわけだ。

読み	あ	あ	あ
変体仮名	阿	あ	あ
漢字	阿	安	安

あ	あ	あ
（字体）	（字体）	（字体）
愛	愛	悪

▶『古今和歌集』に収められた紀貫之の和歌

【和歌】
春たちける日よめる
　袖ひちてむすびし
　水のこほれるを
　春立つけふの風やとくらむ
　　　　　　紀貫之

【現代語訳】
立春によんだ歌
（夏のころ）そでをぬらしてすくった水が（冬になり）こおったのを、春たつ今日の風がとかしているだろうか
　　　　　　紀貫之

平安時代の貴族たちは、私的な図書館をつくって、一族の者たちの学問の場所とした。儀式や政治を行うために本の貸し借りも行われていた。また、女性たちがひらがなで物語を書いて、それをもとに絵巻物や和綴じ本がつくられた。

❖ 新しい本の形

平安時代には、『伊勢物語』『源氏物語』『宇治拾遺物語』などの物語や、昔話や伝説などを題材とした『信貴山縁起』『鳥獣人物戯画』などの絵巻が制作されるようになりました。金色や銀色で花や鳥などの下絵を描いた紙に、文字（詞書）と、それに合わせた絵を、交互にのせていくのが、絵巻物のスタイルです。

また、中国から伝わった胡蝶本（2つ折りした紙をたばねてのり付けし、表紙をはって仕上げた本）を、日本で発展させた和綴じ本ができました。和綴じ本は、のりは使わずに、穴をあけて糸でかがって結んで仕上げる新しい本の形式です。

◀和綴じ本

▶絵巻物（『竹取物語絵巻』より）

真田宝物館所蔵

❖ 本好き・藤原頼長の文庫

平安時代末期の貴族、藤原頼長（1120-1156）はたいそうな本好きで、牛車の移動中にも本を読み、食事や沐浴（入浴）の時は、家来に本を読ませて聞いていたそうです。こうして読んだ本は数千巻といわれます。当時、中国（宋）で印刷した冊子本は読みやすく、誤字・脱字も少なくて人気がありました。頼長はこの中国の本を集め、宇治文蔵という文庫を建てます（1145）。

つくりを見ると、土台の上に、高さ3.3m、はば6.9m、奥行き3.6mの家を建て、かべは板ばりして石灰をぬり、屋根は瓦ぶき、四方を芝垣で囲い、さらに堀をつくり、竹を植え、その外側に塀をつくりました。こんなに厳重なつくりにしたのは、災害に備えて大事な本を守るためでした。

▲藤原頼長

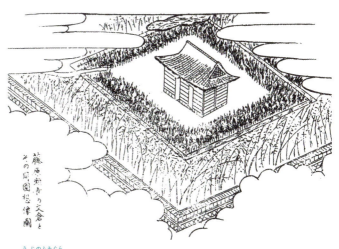
▲宇治文蔵

武士のつくった文庫と学校

北条氏のつくった金沢文庫

　文庫とは「文庫」、つまり本の倉庫のことで、本を収める施設を指します。鎌倉時代の中ごろ、北条実時（1224-1276）は多くの書物を集めて、それをもとに武蔵国金沢（横浜市金沢区）の屋敷内に文庫をつくりました。本にはすべて「金沢文庫」の蔵書印が押され、貸し出しを行いました。武家の女性たちも、『枕草子』や『源氏物語』など、平安時代の物語を借りて読みました。
　鎌倉幕府が滅亡したとき、「隧道」と呼ばれるトンネルで金沢文庫とつながっていた称名寺に、政府の差し押さえをまぬがれた書物や書類が移され、保管されました。＊下の絵が称名寺

貴族にかわって武士が政権をにぎると、新しく伝来した禅宗や文化を勉強するために、本を集めて文庫がつくられたり、学校がつくられたりしていく。武家の女性たちは平安時代の物語を読んだ。

足利学校の付属文庫

　足利学校は、下野国足利荘（栃木県足利市）につくられましたが、室町時代中期に、上杉憲実（1410－1466）が建物を整備し、貴重な本を寄付して、再興しました。学費は無料で、学生は近くの民家で寝起きし、敷地内には菜園と薬草園もありました。たくさんの本が付属の文庫に収められ、学生たちが利用しました。1532－1554年ごろには3,000人もの学生がいて、宣教師のザビエルやフロイスによってヨーロッパにも紹介された、日本を代表する学校でした。

鎌倉・室町

大名・貴族の文庫と町の本屋

❖ 太田道灌が江戸城につくった文庫

　太田道灌（1432-1486）は江戸城をつくった大名です。鎌倉の建長寺や、足利学校（p.17）で学び、学問や和歌にもすぐれていました。江戸城は崖の上に建ち、周囲を石垣がおおい、堀には水が張られました。「静勝軒」は、本城の南面につくられた文庫で、薬学、兵書、物語、歴史、歌書など1,000冊以上が収められ、これらの本を通して、さまざまな交流があったようです。

▲『江戸名所図会』に描かれた静勝軒で詩歌を楽しむ太田道灌

写真：山口県
▲国重要文化財大内版「法華経」版木（上）と印刷物（下）

❖ 大名がつくった文庫

　山口の大名・大内氏は、大内義弘（1356-1400）から六代にわたり、朝鮮や中国と貿易をして、書物や経典を取り寄せ、山口殿中文庫（大内文庫、山口県山口市）をつくり、本の貸し出しも行いました。また、中国から紙を輸入し、木版印刷で、大内版（山口本）と呼ばれる出版事業を行いました。「妙法蓮華経（法華経）」を刷った版木59枚は、今も残っています。

❖ 山科家は日記の家

　先祖代々の家の日記を保管して書き継ぐ貴族の家を「日記の家」といいます。山科家（京都府京都市）は、日記の家で、かなりの本を持っていました。山科言継（1507-1579）は、織田信長や今川義元などの戦国大名や武将に、和歌や音曲を教え、写本したり、本を貸し出したり、本を探す人の相談にのったりしていました。この図書館のような活動は、『言継卿記』に書かれています。室町時代末期は争いの時代でしたが、そんななかでも、本を介して、天皇、皇族、僧、女官、大名、武将たちと交流していたことがわかります。

▲『言継卿記』

日記の家は図書館みたいだニャ

大名や貴族のつくった文庫は、図書館のような役割をはたしていた。大名の大内氏は大規模な文庫をつくり、木版印刷による出版も行った。印刷ができるようになると、一般の人たちも本を読めるようになり、町には本屋ができる。

室町～江戸

❖ 町に本屋ができた！

室町時代後半から、「御伽草子」と呼ばれる、仮名と絵が組み合わされた『鉢かづき姫』や『一寸法師』などの物語本がつくられるようになりました。

京都の町を描いた「洛中洛外図」の町角には、本屋が描かれています。また、『節用集』という一般向けの辞典も出され、この本の形は「枡形本」と呼ばれる正方形の和綴じ本でした。

◀『一寸法師』より

▶「洛中洛外図」より
本屋の部分を描き起こし

印刷技術の発達

中国・朝鮮・日本では

多くの人に本が読まれるためには、印刷技術の発達も見のがせない。木に字を彫って紙に刷る木版印刷は中国で発達し、朝鮮半島に伝えられ、さらに日本に伝わって「百万塔陀羅尼」(p.10)をつくる参考になった。また、元（中国）の滅亡（1368）で、版木を彫る刻工という技術者が日本に来て京都に住んだことで、京都の禅寺は、その技術をもとに、「五山版」と呼ばれる出版を行い、文化の発信地となった。

◀駿河版銅活字
徳川家康が朝鮮伝来の銅活字にならってつくったもの。朝鮮では13世紀前半に世界に先がけて銅活字を使った印刷をしていた
写真：TOPPANホールディングス株式会社 印刷博物館

ヨーロッパでは

ヨーロッパでは、15世紀まで書物はすべて書き写されていた。近代印刷機を開発したとされるのが、ドイツの金細工師ヨハネス・グーテンベルクで、オリーブ油のしぼり機からヒントを得て、活版印刷機を発明した。金属の活字を組み合わせてページをつくるので、活字を再利用できるのも画期的だった。

この活版印刷術は、羅針盤、火薬とともに、ルネッサンス期の三大発明といわれている。

◀グーテンベルクの印刷機
ねじ式の木製の印刷機で、活字版にインクをつけ、紙を乗せ、ハンドルを回して圧をかけ、活字を紙に印刷する

◀天正遣欧少年使節団が日本に持ち帰ってきた印刷機（複製）
写真：天草コレジヨ館

江戸幕府の出版事業

本を文化の中心に

　徳川家康（1543−1616）は、学問を盛んにして人びとの心を安定させようと、じょうぶな銅活字を9万字ほど鋳造させるなどして、本の出版に取り組みました。また、家康が何か所かにつくった文庫を、三代将軍徳川家光（1604−1651）が江戸城内の紅葉山のそばに移し、紅葉山文庫としました。ここには11万冊もの本があり、漢籍（中国人が漢文で書いた本）、御家部（江戸幕府の記録類、編纂物）、国書部（日本人が日本語か漢文で書いた本）などに分けられ、書物奉行が、本の出し入れ、虫干し、写本作成の監督、目録作成、重複本の処分などを行いました。

徳川家康は出版事業に力を入れ、家康の集めた本をもとに、家光は江戸城内に紅葉山文庫をつくった。また、幕府が開いた昌平坂学問所には４万冊もの本があり、学生たちは本を借り、本をもとに議論や討論をして学んだ。

幕府の開いた昌平坂学問所

　五代将軍徳川綱吉は、湯島（東京都文京区）に聖堂をつくりました。ここに、およそ100年後（1797）、幕府の学校「昌平坂学問所」が開かれ、旗本、御家人、全国の藩士が「朱子学」（儒学のひとつで上下の秩序を重視する）を学びました。文庫の本は約４万冊もあったそうで、学生ならだれでも利用できました。貸し出し係がいて、１人３冊までなど、冊数も決まっていたようです。この学校では、本を読んで学生同士で議論や討論を活発に行う学び方をしていたので、文庫は大いに利用されました。

江戸

21

武士も町民も本を読む

❖ だれでも通えた閑谷学校

　1670年、岡山藩の池田光政（1609-1682）は日本で初めての「庶民のための学校」をつくりました。光政は、参勤交代のかごの中でも本を読むほどの本好きで、この学校には教科書・参考書を収めた文庫が残っています。ここに8千冊余りの本が所蔵され、湿度を調整できる漆喰のかべに4層の扉、背後には本を火事から守る火除山がつくられています。学生たちは広い講堂に集まって、『論語』（p.11）を読みました。

　光政のむすめの房姫も本好きで、毛利家に嫁いだときに、たんすや長持（衣装を入れる箱）に本をいっぱいつめていき、これがもととなって「明倫館」（萩の藩校、山口県萩市）がつくられたそうです。

▲学生たちが論語を学んだ講堂

◀文庫
背後には火除山がある

▲講堂の内部
学生たちは丸ざぶとんにすわって講義を聞いた

❖ 全国一！　水戸藩の弘道館

　水戸藩の徳川斉昭（1800-1860）が開校した弘道館（1857、茨城県水戸市）は、全国一大きい藩校で、藩士とその子弟が15歳で入学し、儒学、礼儀、歴史、天文、数学、地図、和歌、音楽、武芸を学びました。武術や医学を学ぶ場や、天文台、馬場などもあり、総合大学のような施設でした。近くにある梅林で有名な偕楽園は、学業の休息の場としてつくられました。

　また、徳川光圀（1628-1701）が命じた、『大日本史』（全397巻226冊、目録5巻）を編纂するための彰考館（茨城県水戸市）には、多数の歴史書が収められていました。

▲弘道館

▲『大日本史』

ぜんぶ読めるかニャ！

各地の藩校や文庫では、武士や町民が本を読んで学んだ。版元（出版社）が一般の人たちの読む本をつくると、人気の作家も登場して、貸本屋も繁盛した。

江戸

❖ 加賀藩前田家の尊経閣

　江戸時代中期以降になると、藩に文庫を開設する大名たちが増えました。徳川家康に謀反の疑いをかけられた前田家は、前田利家の妻、芳春院（まつ、1547-1617）が人質として江戸に行きました。まつが歌や物語の本を集めてもどると、さらに前田綱紀（1643-1724）も本を集めました。書物奉行を置いて本を管理し、学問研究や読書会を開き、出版も行いました。幕府に仕える学者の新井白石が、この蔵書の質と量をほめたほどです。後に「尊経閣文庫」として現在の東京都目黒区に蔵書が移されました。

❖ 町にできた本屋と貸本屋

　江戸時代中期になると、木版印刷の技術が広まり、一般の人たちが読む本もつくられるようになりました。すると、まず京都や大坂に、そして江戸にも本屋ができました。「草双紙」と呼ばれる本は、表紙の色で赤本、黒本、青本と呼ばれ、後に黄表紙も出ます。絵が入った物語が多く、赤本は子ども向けでした。人気作家も登場します。十返舎一九は『東海道中膝栗毛』、曲亭馬琴（滝沢馬琴）は『南総里見八犬伝』を書きました。

　それでもまだ本は一般の人たちにとっては高価だったので、貸本屋ができました。この貸本屋は、1830-40年ごろには江戸に800軒もあったそうで、一軒のお得意先が170件とすると、江戸だけで10万人以上の読者がいたことになります。

▲喜多川歌麿の浮世絵
黄表紙を読む女性

▲赤本『むかしむかしの桃太郎』

▲葛飾北斎の浮世絵「神奈川沖浪裏」

❖ 江戸の出版社

　蔦屋重三郎（1750-1797）は、江戸でいちばんの版元、今でいう出版社で活躍した人です。面倒見がよく、人の才能を見抜く目をもっていた重三郎は、喜多川歌麿や東洲斎写楽の名作を世に出しました。また、作家の曲亭馬琴や十返舎一九などの世話もして、企画から絵の刷り方まで目を通し、人びとに人気の本をつくりだしました。色ごとに絵がらがちがう木版をつくり、重ね刷りをする色彩豊かな浮世絵は大人気でした。

▲蔦屋重三郎の書店・耕書堂（再現）

子どもも農民も本を読む

❖ 子どもたちは寺子屋へ

　寺子屋は、一般の子どもたちの学校です。知識のある人が先生になって、子どもたちに文字の読み書きや、そろばんなどを教えました。多くの子どもたちが寺子屋へ通っていたので、このころの日本は、世界にくらべても文字の読み書きをできる人たちがとても多かったのです。教科書は「往来物」と呼ばれ、手紙の模範文、作文のための単語集や文例集、社会常識、実用知識などが織りこまれた内容でした。

❖ 人気のかわら版

　読み書きのできる人びとが増えたので、「引札」（チラシ）や「かわら版」が読まれるようになりました。人びとは情報を知りたがり、とくに地震、火事、事件のかわら版がよく売れました。初めて日本に来たラクダも紹介されました。ラクダは夫婦仲がいいことから、「一目見れば夫婦円満になる」と書いてあります。けれど、かわら版は幕府から禁止されていたので、売り子はカサで顔をかくして売っていました。

▲かわら版売り

▲寺子屋のようす

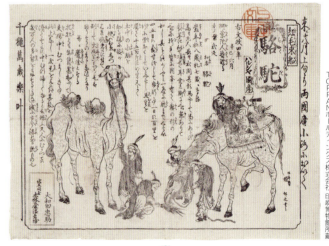
▲ラクダについて書かれたかわら版

TOPPANホールディングス株式会社　印刷博物館所蔵

❖ 農村での読書

　村の名主たちは、農民に本を貸し出しました。武蔵国の野中家には、趣味娯楽、学術教養、紀行、地理、信仰、実用書など、298冊の本がありました。大坂で、飢饉で苦しむ人びとを助けようと大塩平八郎の乱（1837）が2月に起こると、4月7日には読み物風にまとめた本を野中家が借り入れて写しとり、農民やとなり村に貸し出しています。たった2か月でニュースが現在の大阪から埼玉に伝わって本になり、農民も読んだというのは、おどろきです。野中家では、本をもとに情報ネットワークをつくっていたようです。
　また、行商の貸本屋も農村に本を運んでいました。

▲行商の貸本屋

家まで届けてくれるなんて、便利！

文字を読める人が増えると、人びとはかわら版で情報を手に入れた。農村では名主が本を貸し出したり、まわってきた貸本屋から借りて読んだりした。各地にいくつかの公開文庫ができて、閲覧室や講義堂を備えているところもあった。

江戸

❖ 地域に公開された文庫

商人の青柳文蔵（1761-1839）が本と資金を仙台藩に寄贈して仙台につくった青柳文庫（1831）は、日本で最初の公共図書館ともいわれています。土蔵造りの文庫は人びとに活用され、明治維新まで続きました。

国学者・竹川竹斎（1809-1882）が伊勢に開いた射和文庫（1854）も、3千冊の個人の蔵書が地域に公開され、毎月の定例会や古典の学習会が開かれていました。

◀青柳文庫

❖ 閲覧室のある
　　羽田八幡宮文庫

江戸末期、三河国羽田八幡宮（愛知県豊橋市）に、国学者・羽田野敬雄（1798-1882）が友人たちと本と資金を出しあって「羽田八幡宮文庫」をつくりました（1848）。ビラを配って本の寄付を募ると、水戸の徳川家、大名や町民から1万冊が集まりました。ここには閲覧室や講義室もあり、学問をしたい人たちに公開されました。米の不作の年には、文庫に蓄えていた米を配り、『ききんのこころえ』を発行して、地域の人びとを支えました。

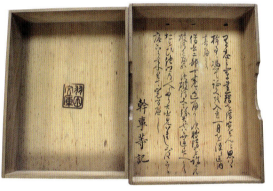
◀本の貸し出し用の箱
箱のふたの内側には、貸し出しのきまりが書かれている。ひと月借りられる、汚してはいけない、など

◀『ききんのこころえ』

▶羽田野敬雄

豊橋市図書館所蔵

活版印刷の発達

活版とは、活字を組みあわせた版のことで、ここにインクをぬって、紙に印刷するのが活版印刷だ。日本は文字が多いので、活版印刷よりも木版印刷の方が使用されていたが、1857年、日本で最初に太平洋横断をした咸臨丸に、活版印刷技師が乗ってきて、長崎・出島に印刷所を設置する。

それに関心をもった本木昌造（1824-1875、通訳・教育者）が、日本語の鉛活字をつくることに成功し、明治時代に入ると、本木は活版伝習所を開設して（1869）、大きさ別の活字もつくった。

こうして活版印刷は日本の社会に急速に広まり、新聞、雑誌、書物の分野で力を発揮する。「横浜毎日新聞」「東京日日新聞」、絵入りの錦絵新聞が次つぎに発行され、明治維新から10年の間に、活版印刷でつくられた本は3,600点にも上った。

▲明治初年ごろの印刷所の様子

近代図書館のはじまり

欧米をモデルにした書籍館が誕生

　福沢諭吉（1835-1901）は欧米を視察して、「西洋諸国の都市には文庫があり、"ビブリオテーキ"と呼ばれている。ふだん読む本から古書、めずらしい世界の本もそろっていて、人びとが訪れて自由に読んでいる」（『西洋事情』）と、書いています。岩倉使節団の一員・田中不二麻呂（1845-1909）も、アメリカの都市には「公共書籍館」があり、無料で利用できると紹介しました。そして、1872年に日本初の「書籍館*」が東京の湯島に誕生します。身分にとらわれず本を閲覧できましたが、貸し出しはなく、有料でした。

＊名称は、「書籍館」→「東京図書館」→「帝国図書館」へと変化した
＊＊板垣退助らが、選挙で議員を選び国会を開くことを政府に要望した文書

欧米の図書館をモデルにした、日本で初めての近代的な図書館が東京にできる。また、新聞が次つぎに発行され、人びとは新聞縦覧所で積極的に情報を得るが、自由民権運動が盛んになると、政府は新聞を取りしまるようになる。

新聞発行と新聞縦覧所の広がり

　明治の初め、次つぎに新聞が発刊されますが、購読料が高かったので、回し読みができる新聞縦覧所が各地にできました。縦覧所には、県などがつくったものと民間でつくったものがあり、人びとの情報・意見交換の場になりました。

　函館にある縦覧所は、入場料は無料で、「東京日日新聞」「横浜毎日新聞」など7紙が置いてありました。1874年に「民撰議院設立建白書」**が提出され、国民の自由と権利を求める自由民権運動が盛んになると、政府は反政府的な新聞を取りしまり、縦覧所も減っていきます。

明治

各地に図書館が誕生

❖ 公立図書館の源流・京都集書院

京都府の「集書院」は、福沢諭吉や英語教師チャールズ・ボールドウィンらが提案して、1872年に運営会社が設立され、1873年という早い時期につくられました。木造2階建の洋館で、2階に閲覧室と書庫があり、書庫には自由に出入りできましたが、有料でした。1876年には、大阪に府立の書籍館が、埼玉（浦和）に県立の書籍館が誕生しています。

▲京都集書院

▲静岡師範学校　附属書籍館として、一室が設けられた

❖ 各地に公立図書館を

田中不二麻呂（p.26）は、無料で利用できる図書館を日本各地につくることを目指しました。1877年に「費用を援助するので公立図書館を増やしなさい」と、文部省（当時）が全国に呼びかけると、静岡師範学校附属書籍館、福岡博物館、新潟学校附属書籍館、滋賀県師範学校附属書籍縦覧所、書籍縦覧所（島根県）などが各地に誕生します。けれど、不況の影響で資金がとぼしくなると、ほとんどの館が廃止されました。

❖ 教育会が各地につくる

1879年に「教育令」が出され、図書館は文部省が管理する教育施設となりました。さらに「文部省示諭」（1882）で、学術研究のための図書館、一般の図書館（通俗図書館）、小・中学校の図書館の3つに分けられ、蔵書も国の方針に沿うようになります。全国の教員を政府指導のもとに組織した「大日本教育会」が結成されると（1883、1896年より帝国教育会）、付属の書籍館が東京の神田一ツ橋にでき（1887）、各地にも教育会付属の図書館がつくられていきます。

▲帝国教育会　附属書籍館の建物が左奥にある

近代的な図書館が誕生し、図書館令で各地に大小の図書館が増えていく。出版社による図書館もでき、若者や女性たちも通った。しかし教育令の影響で、図書館は国の方針を教育する場となり、蔵書にも制限が設けられていく。

❖ 東京図書館から帝国図書館へ

米英で図書館を調査した田中稲城（1856-1925）は、初の図書館学者といわれます。東京図書館館長だった田中は、図書館の重要性を政治家や役人に訴え、本格的な国立図書館をつくることに取り組みます。

1897年、東京図書館を受けついだ帝国図書館ができ、新しい建物が1906年に上野公園内に建てられて、多くの文学者や研究者も通うようになりました。

▲田中稲城
▲帝国図書館

❖ 図書館令で増える図書館

1899年に「図書館令」が公布され、道府県郡市町村に一般の人たちの利用できる図書館をつくることと定められると、各地に図書館がぐんと増えました。1904年に建てられた大阪図書館（現・大阪府立中之島図書館）はルネサンス様式の立派な建物で、現在も利用されています。けれど、学校付属の図書館や私立図書館、小学校の図書室も「公立図書館」と認められたため、小さな図書館も多く、利用も無料とは定められていませんでした。

写真：ShoPro・長谷工・TRC共同事業体
▲現在の大阪府立中之島図書館

❖ 出版社がつくった大橋図書館

1902年、出版社の博文館の創業者である大橋佐平が大橋図書館を開設しました。佐平は欧米を視察して、どの都市にも図書館があるのを知ってから、日本にも図書館をつくろうと決めていたのです。利用するには図書求覧券を買うのですが、12歳から利用でき、女性たちが安心して使える「婦人室」もありました。このころ、東京市内に公共図書館はほぼなかったので、多くの人が利用しました。

▲大橋佐平
▲大橋図書館の婦人室
三康図書館所蔵

"図書館の父" 佐野友三郎

巡回文庫で本を届ける

　教育者の佐野友三郎（1864－1920）は、1900年に秋田県立秋田図書館の館長に就任して、アメリカの図書館学者メルヴィル・デューイ（1851－1931）から、巡回文庫の仕組みを学びます。そして1902年、人びとが楽しめる本100～150冊をそれぞれ8つの箱につめ、日本で初めての巡回文庫が県内の郡立図書館をまわりました。この活動は全国の図書館の手本となりました。また、佐野は、デューイが発案した書籍の分類法「デューイ十進分類法」（1876）と、日本にあった「八門分類表」を参考に、1909年に「山口図書館分類表」（十進分類表）をつくります。

佐野友三郎は日本で初めての巡回文庫を始め、本を必要な人に届けるとともに、図書館に子どもや女性の利用できる場所をつくった。これらは、ほかの図書館の手本となって、子どもや女性の利用者が増えていった。

子どもも女性も図書館へ

　1903年、佐野友三郎は山口県立山口図書館に、日本初の「児童閲覧席」を開設します。それまでほとんどの公立図書館では、12歳以下の子どもは利用できなかったのです。その後、岡田健蔵が開いた私立函館図書館（北海道、1909）など、各地の図書館にも児童室がつくられます。また、山口図書館には婦人閲覧室もあり、絵や花が飾られた環境で、女性たちは本を手にとって選び（開架式）、安心して読むことができました。佐賀図書館、石川県立図書館など各地の図書館にも婦人閲覧室がつくられていきます。

明治

図書館の発達と国の教育

❖ 図書館の専門団体ができる

　1892年、図書館の全国的な組織「日本文庫協会」が発足します。

　1906年、東京で第1回全国図書館大会を開催し、翌年「図書館雑誌」を創刊します。この雑誌は現在も発行されています。1908年に日本図書館協会（現・公益社団法人日本図書館協会／JLA）と名前をかえ、全国の図書館員に向けての講義や、各県で講習会を開いてきました。

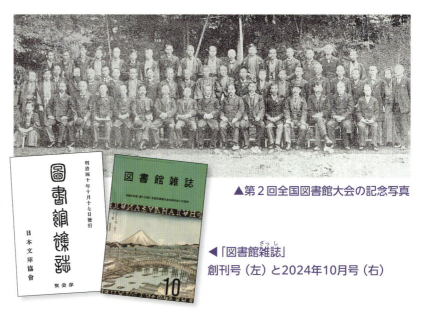

▲第2回全国図書館大会の記念写真

◀「図書館雑誌」創刊号（左）と2024年10月号（右）

❖ 図書館員の養成学校ができる

　日本図書館協会は、図書館司書を養成するための機関が必要だと政府に働きかけます。1921年、文部省図書館員教習所が東京美術学校で開校、翌年から帝国図書館の一室で講義が行われました。募集人員は20〜30名、中等学校卒業以上の人が出願できました。1927年に文部省図書館講習所として校舎ができ、1964年に国立の図書館短期大学に、1979年に図書館情報大学になり、2004年に筑波大学に合併されました。

▲文部省図書館講習所（1927）

❖ 夜間も開いている日比谷図書館

　1908年に開館した東京市立日比谷図書館（現・日比谷図書文化館）は、夜間も開けていたので、多くの人が利用しました。このころ、山梨県にできた水力発電所から東京へ送電が開始され、使える電気の量が増えたのです。閲覧料は有料でしたが、館外への本の貸し出しやレファレンスサービス＊も行われ、利用者の質問や相談に応えました。さらに「同盟貸付」といって、ほかの図書館から本の取り寄せサービスも行いました。

＊利用者の問い合わせに応じて、本を探したり、回答したりして助けるサービス

▲東京市立日比谷図書館

図書館の専門団体ができ、司書の学校もできる。都市の人びとは夜間も図書館に通い、外出しにくい女性には本を配達し、農村では青年たちが図書館をつくっていく。しかし国は、国の方針に沿った教育の場として図書館を見直していく。

❖ 女性たちのための読書会

そのころ、家で働いていて、なかなか外出ができない女性たちが多くいました。香川県教育会図書館では、休館日を女性のために無料で開館しました。山口県立山口図書館では家庭文庫として、女性向きの本を巡回文庫の箱につめて、23の家庭をひと組として届けました。市立岡山図書館では、岡山婦人読書会をつくり（1922）、箱につめた本を自転車で引き、会員の女性たちの自宅まで届けました。

▶岡山婦人読書会
本の配達の様子

女性はなかなか本が読めなかったニャ

❖ 青年たちがつくった図書館

農村では、青年たちが働きながら、夜間に新聞、雑誌、本を持ちよって勉強会を開くなかで、自分たちでお金を出し合い、図書館をつくりました。本を選ぶのも、運営も青年たちでした。上郷青年会の上郷文庫（下伊那郡上郷村）など、とくに長野県に多かったのですが、やがて村立化（公立化）の話が持ち上がると、図書館のあり方をめぐって議論が起こりました。その後、上郷図書館が設立されます。

▲1936年に開館した長野県の上郷図書館

❖ 地方改良運動と図書館

日露戦争（1904-1905）の後、明治天皇の詔勅＊が出されて、「地方改良運動」が進められていきます。図書館は、初代天皇から続く皇室の教えを、国民が正しく守って実行する社会教育の場として見直されます。「図書館設立ニ関スル注意事項」（小松原訓令、1910）は、図書館の設立を促進する一方で、「健全で有益な図書」を収集するように働きかけました。図書館はその方針にしたがって、社会主義＊＊の本や良妻賢母＊＊＊を否定する本などを、だんだん排除していきます。

＊天皇の発する公式文書の総称
＊＊社会保障や福祉によって、平等な社会を目指す国の体制
＊＊＊女性の理想の生き方は「良い妻で賢い母」であるという考え

▲岡山県立戦捷記念図書館
1908年、日露戦争の勝利にわくなか建てられた

明治・大正

図書館のサービスと大震災

つながりあってサービスを改善する

　大正時代（1912－1926）は自由や民主主義を求めて、多くの人たちが声を上げました（大正デモクラシー）。「赤い鳥」をはじめ、子ども向けの雑誌も次つぎ発刊されます。東京では、東京市立日比谷図書館を中心に19の分館がつながり（1915）、無料で利用、館外への貸し出し、自由に本を選べる開架棚を増やすなどのサービスをしたので、利用者がぐんと増えました。児童室や児童コーナーもできて、お話会も行われました。京橋図書館は、小学校内の9坪（およそ18畳）の部屋に書庫と事務室を置き、開館時間になると折りたたみ式の閲覧台を組み立てました。こんな小さな分館にも1日平均50人が通いました。

大正時代は新聞・雑誌の発行部数が増加し、子ども向け雑誌も発刊された。東京の図書館は連携してサービスを行い、利用者がぐんと増える。関東大震災時には図書館が住民救護の拠点となるが、戦争に向けて国の図書館の予算はけずられていく。

関東大震災と図書館

　1923年9月1日、関東大震災が起こり、多くの建物がくずれたり焼け落ちたりしました。東京市立日比谷図書館も壊れかけ、臨時休館になりました。しかし、3日後には、屋外に新聞縦覧所をつくり、人びとに必要な情報を伝えるとともに、図書館で使用していた件名索引カードを使って、人びとからの質問に答えました。あわせて、震災の資料の収集も行いました。臨時の部屋を設けると、子どもたちも集まってきて本を読みました。東京では数年後に、被災した深川図書館、京橋図書館、駿河台図書館などが立派に建て直されますが、その後、国の予算は軍備に使われて、図書館の予算は大きくけずられていきます。

大正

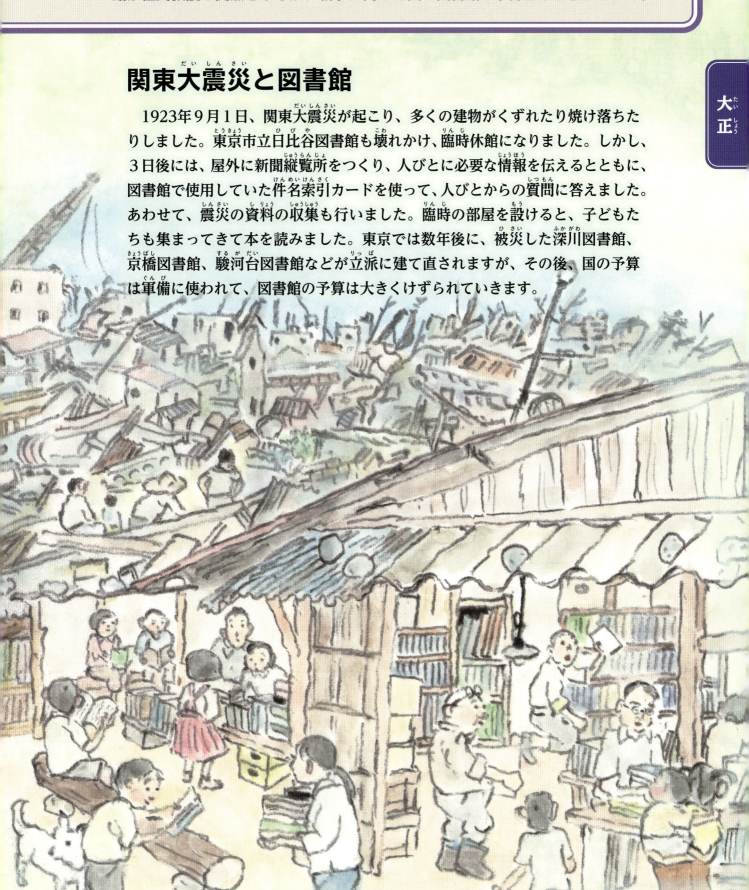

戦時下の図書館

❖ 管理される図書館、抵抗した図書館

　国の方針に反対する人たちを取り締まるために、1925年に治安維持法が出されると、図書館には特別高等警察（特高）や憲兵がやってきて、政府から発売禁止にされた本がないか、だれがどんな本を借りたのかなども調べるようになりました。子ども雑誌にも日本軍の活躍の様子などが盛んに載るようになります。
　そんななか、大橋図書館（p.29）は、館報「トピック」（竹内善作／編集）に「中立的な立場で本を収集している」と表明して、発売禁止になった本を1,300冊ほど隠して守りました。

▲「少年倶楽部」1933年6月号

▲大橋図書館の館報「トピック」1941年54号
三康図書館所蔵

たいへんな思いをして、本を守ってくれたんだね

❖ 図書の分類法がつくられる

　図書館用品をあつかう間宮商店で働いていた森清は、1928年に「日本十進分類法」（NDC）を発表します。デューイ十進分類法（DDC、p.30）にならって、第一の10区分（右表）から、さらに主題・形式・地域・言語などによって区分して、本の内容を表します。これは、現在も、日本の公立図書館・学校図書館のほとんどで使われています。

日本十進分類法（新訂10版の第1次区分表）

0 総記（情報学、図書館、図書、百科事典、一般論、文集、逐次刊行物、団体、ジャーナリズム、叢書）
1 哲学（哲学、心理学、倫理学、宗教）
2 歴史（歴史、伝記、地理）
3 社会科学（政治、法律、経済、統計、社会、教育、風俗習慣、国防）
4 自然科学（数学、理学、医学）
5 技術（工学、工業、家政学）
6 産業（農林水産業、商業、運輸、通信）
7 芸術（美術、音楽、演劇、スポーツ、諸芸、娯楽）
8 言語
9 文学

❖ 図書館令が改正される

　1933年、図書館令が改正されます。この法律によって文部省（当時）は、図書館を国の方針に沿った社会教育を進める場として、いっそう重視します。そして、中央図書館長が市町村図書館の蔵書などを調べ、優良図書館であるかどうかを監督・指導する中央図書館制が導入されます。また、1938年、内務省警保局図書課より「児童読物改善ニ関スル指示要綱」が通達され、文部省の推薦図書の対象に子どもの本も加わりました。

▲文部省選定の少年少女の読み物

図書館令が改正されると、図書館は国のより強い管理のもとに置かれる。文部省は子どもの推薦図書を指定し、国民精神総動員文庫もつくられる。空襲下では本の疎開も行われたが、多くの図書館が焼け落ち、広島・長崎には原子爆弾が投下された。

❖「国民精神総動員」と図書館

1937年、日中戦争が始まると、翌年に「国家総動員法」が制定されます。軍隊だけでなく国民全員を戦争に動員する法律です。図書館も、国民の精神的な動員の機関として、軍国主義の強化を求められ、「国民精神総動員文庫」をつくって貸し出しました。

読書指導では、政府の選んだ本で読書会を行います。文部省社会教育局と日本図書館協会は、「読書会指導要綱」を作成しました。

▶国民精神総動員法に因む書籍の展示

❖植民地にも図書館ができる

植民地の朝鮮と台湾を統治するために、日本総督府が置かれると、それぞれ朝鮮総督府図書館、台湾総督府図書館が開設され、日本の図書館関係者たちが運営に協力します。満洲国（中国東北部に日本がつくった国）には、陣中文庫に集まった11万冊をもとに、1932年に奉天国立図書館が開館します。また、南満州鉄道株式会社図書館の行った「戦時巡回書庫」は、1万冊以上をシベリアにいる日本兵に送りました。

▲奉天国立図書館

❖本も疎開した

第二次世界大戦下、空襲によって全国各地の図書館の多くが焼け落ちてしまいます。そんななか、日比谷図書館（東京）では、館長の中田邦造（1897-1956）が中心となって、埼玉県の土蔵に約40万冊の本を運びだしました。この大作戦は「疎開図書館」として語り継がれ、映画にもなりました。

堺大空襲（大阪府堺市、1945年7月10日）により堺市立図書館では、本館が焼けたなか、書庫が残りました。1週間以上扉を閉めたまま温度を下げて、本が焼けるのを防ぐことができました。

▶堺市立図書館の焼け残った書庫

大正・昭和

占領下につくられた図書館

各地につくられたモデル図書館

　日本は1945年に敗戦し、1952年までの7年間は、GHQ（連合国軍最高司令官総司令部）の下で民主化改革が進められました。図書館を担当したのはCIE（民間情報教育局）です。どんな人でも自由に無料で、はば広い資料を閲覧でき、子ども向けの本も豊富にそろえ、総合目録をもとに図書館が相互協力をし、専門職員を育てることを目標としました。5年間で、東京、京都、広島、大阪、福岡など23か所にCIEの図書館ができました。冷暖房が完備され、講演会や映画会が開かれるステージ付の講堂や、大きな会議室のある図書館もありました。

1945-1952年まで、日本は連合国の占領下に置かれ、各地にCIE（民間情報教育局）がモデル図書館をつくる。図書館は無料で自由に使え、民主的思想を普及する場になった。帝国図書館は、国立国会図書館に生まれ変わる。

帝国図書館は国立国会図書館に

　1948年、「国立国会図書館法」が制定され、国会議員への調査・資料サービスとともに、行政・司法、さらには日本国民に対して、図書館サービスをすることが規定されました。初代館長に憲法学者の金森徳次郎（1886－1959）を招いて、国立国会図書館は、赤坂離宮（東京都港区）を仮庁舎として開館します。

　その後、国会議事堂のとなりの土地（東京都千代田区）に、仮庁舎の蔵書約100万冊と、帝国図書館・上野図書館の蔵書約100万冊を合わせて、1961年、国立国会図書館本館が開館します。

昭和

法律の制定と読書運動のはじまり

❖ 法律の整備と学校図書館

　1947年に「教育基本法」、「学校教育法」が成立すると、学校に図書館（室）をつくることが義務づけられました。CIEのもとで『学校図書館の手引』が作成され、すべての学校に配られました。1950年に、学校図書館の充実と発展、青少年の読書振興を目的として「全国学校図書館協議会」（全国SLA）が発足され、現在まで続く活動をしています（p.43）。

▶「学校図書館法」制定のための署名を運ぶ全国SLAメンバー

司書は法定資格になったんだね！

▲慶應義塾図書館旧館

❖ 図書館の法律ができた

　1950年に「図書館法」が制定されると、図書館はだれもが無料で利用できるようになりました。その内容を伝えるために「格子なき図書館」という映画が制作されます。それまで格子の向こうにあった書庫が、だれもが自由に本を手にとれる開架式になり、多様な文化活動に取り組む図書館像が描かれました。

　また、「司書」と「司書補」は法定資格となって、図書館員を養成するライブラリースクールが、慶應義塾大学に置かれました（1951）。

❖ 占領下の沖縄にも

　沖縄には、1910年に県立沖縄図書館（初代館長は民俗学者・言語学者の伊波普猷）ができます。しかし、沖縄戦で本や文献が焼きつくされ、戦後、アメリカ占領下の1947年に米軍政府から許可を得て、佐敷村（南城市）に沖縄中央図書館を、石川、首里、名護に分館を立ち上げます。建物は米軍払い下げのコンセット（かまぼこ型兵舎、右写真の建物）や、ほかの施設での間借りで、蔵書は台湾からの引揚者が持ち帰った数千冊を4館で分け合いました。その後、「沖縄に魂の食糧を贈れ」と、島外やハワイからたくさんの本や鉛筆などが届きました。

▲沖縄民政府（知念）構内の沖縄中央図書館（1947）

沖縄県立図書館所蔵

40

戦後、図書館に関連する法律ができると、自由で民主的な図書館がつくられていく。各学校に図書館をつくることが義務づけられ、図書館員を養成するための学校もできる。各地では移動図書館（BM）で、人びとに本を届ける活動が始まった。

❖ 母親たちにも読書の楽しみを

子どもたちに読書を広げるためには、母親たちにも読書のおもしろさを味わってもらうのが一番と、県立長野図書館は、1950年に「PTA母親文庫」の活動を始めます。選書した本を4、5人の母親グループに、子どもが届け、順番に読み、1か月後に返すというスタイルでした。4年間で、県内6万人の母親たちが毎月1冊の本を読み、読書の楽しみが大きく広がっていきました。

▶「PTA母親文庫」で読む本を選ぶ母親たち

▲親子で本を読む

❖ 親子で読書の楽しみを

鹿児島県立図書館長だった作家の椋鳩十は、「教科書以外の本を子どもが20分間くらい読むのを、母親がかたわらにすわって静かに聞こう」と、1960年から「母と子の20分間読書運動」を始めました。家庭で読書が楽しめるようにという願いがこめられたこの運動は全国に広がり、親子読書運動へと発展していきました。

❖ 各地を走る移動図書館車

戦後の読書運動は、まずは本を届ける活動が中心でした。千葉県立中央図書館では、米軍の払い下げの車を改造した「ひかり号」で、1949年から県内のステーションを巡回しました。高知市民図書館では、1951年から農村や漁村の巡回を開始し、お話会や幻燈会も行いました。広島県では1962年から瀬戸内海の離島をまわる移動図書館船「ひまわり」が本や映画を届けました。移動図書館車は、本を届けるために全国を走りまわったのです。

▲高知市民図書館自動車文庫

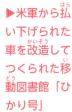

▶米軍から払い下げられた車を改造してつくられた移動図書館「ひかり号」

▲瀬戸内海を回る移動図書館船「ひまわり」

子どもたちに読書の場を

子どもたちが本とすごせる場所を

　1950年代になると、「岩波の子どもの本」シリーズなど、子ども向けのすぐれた海外作品が次つぎに翻訳出版されました。児童文学者の石井桃子は、1958年に自宅の一部を改造して「かつら文庫」をつくりました。地域の子どもたちに本を貸し出すほかにも、お話会や季節ごとのお楽しみ会を開き、子どもたちの活動とつどいの場となりました。この活動を『子どもの図書館』にまとめて発行すると、多くの母親が読んで共感し、各地に家庭文庫が誕生していきます。

海外の子どもの本が翻訳出版され、児童文学者の石井桃子は子どもの本の文庫をつくる。それを手本に子ども文庫は地域に増えていく。一方、「学校教育法」「学校図書館法」が成立すると、すべての学校に図書館がつくられて、教育の大切な一環となっていく。

すべての学校に図書館を

1947年に「学校教育法」が制定されると、学校には運動場や保健室とともに、図書館（図書室）も設けることになりました。全国学校図書館協議会（全国SLA）は、半年あまりで100万近い署名を集めて国会に提出して、1953年に「学校図書館法」が成立します。この法律によって、小学校・中学校・高校のすべてに図書館が設置されること、司書教諭を配置することなどの義務化が推進されました。学校図書館の単独の法律としては、世界で初めての法律でした。

昭和

読書運動と図書館設立運動

❖ 親と子の読書運動の広がり

1950年代に子どものための文庫は各地に生まれ、増えていきました。小学校の教師だった斎藤尚吾（1914-2001）は、1967年に「日本親子読書センター」を設立して、親子読書研究集会を東京都の多摩地域で開きます。親たちが、子どもに楽しく自由な読書の時間と場所をつくるにはどうしたらよいかを学ぶ会です。斎藤が各地をまわって、親と子の読書の大切さを話すと、さらに新しい子ども文庫が増えていきました。

みんな夢中で本を読んでいるね！

▶学校帰りの子がトモエ文庫に集う（静岡市、1981）

❖ 子どもの本の団体ができる

1967年に、子どもの本の作家たちも加わって「日本子どもの本研究会」が誕生しました。1969年「第1回全国子どもの本と児童文化講座」（静岡県熱海市）には500名をこえる参加者がありました。

その後、「子どもの本棚」を発刊し、毎年、子どもの本全国集会を開いて、子どもの本にかかわる人たちが集まって学んでいます。

1968年には「科学読物研究会」ができて、文学だけではなく科学の世界を知らせる本も子どもたちにとって大切だと、科学読物の研究と紹介に取り組みます。

▲月刊
「子どもの本棚」

▲年間10号発行
「子どもと科学よみもの」

❖ 親子読書と地域文庫をつなぐ連絡会

子どもと本をつなぐ活動が盛り上がってきたね！

1970年、母親、教師、図書館員、子どもの読書に関心のある団体や個人が協力して、「すべての子どもに読書のよろこびを」を合言葉に、「親子読書地域文庫全国連絡会」（親地連）ができました。会の代表は広瀬恒子（1933-2024）で、会報「子どもと読書」を発刊し、文庫活動の支援や子どもの本の紹介をしました。また、講習会やセミナーも開き、全国の地域とつながって子どもの読書環境を豊かにしていく活動をつづけています。

▲親地連50周年記念
全国交流集会の広瀬恒子（2019）

▲隔月刊「子どもと読書」

経済成長とともに都市に団地が建ち、人びとが集まってくる。母親たちは子どもに本をあたえようと地域に文庫をつくり、活動を始める。子どもの本の団体も次つぎ生まれ、読書運動が全国に広がって、各地で図書館設立運動も起こる。

❖ 文庫から図書館設立へ

そのころ地域にできた文庫は、いつも子どもたちでいっぱいでした。どの文庫も「もっと本を増やしたい」と、自治体に補助を求めたり、図書館とつながったりしました。そして、文庫にかかわる人たちは「図書館をつくってほしい」と運動しました。その流れで石井桃子の「かつら文庫」など4つの子ども文庫がもとになって誕生したのが、私立東京子ども図書館（東京都中野区、1974）です。子どもたちと子どもの本の世界で働くおとなのために、お話会、出版、講演、人材の育成などさまざまな活動をする図書館になりました。

◀東京子ども図書館の母体となった文庫のひとつ、松の実文庫　アメリカの公共図書館の児童図書館員として勤務経験をもつ松岡享子（1935-2022）が始めた

▶4つの文庫を母体としてつくられた東京子ども図書館

❖ 電車図書館から図書館設立へ

東村山市（東京都）には市立の図書館がなかったので、住民たちが使わなくなった電車をもらいうけて、「くめがわ電車図書館」（1967）を開きました。細長い電車の中は、片面が本棚で、電車の座席にすわって本が読めるので、子どもたちに大人気でした。そこから、市立図書館をつくる運動が始まり、東村山市立中央図書館（1974）が開館します。この電車図書館は、子どもが本と出合い、友だちと楽しみ、親子いっしょに学ぶ場所として、今も住民の手で運営されています。

◀くめがわ電車図書館

❖ 「図書館の自由」とは？

1954年、「図書館の自由に関する宣言」が全国図書館大会で採択され、戦時下の反省をふまえて、憲法で定められた国民の「知る自由」と、人びとの人権を守ることが、図書館の責任とされました。1979年には、利用者の読書記録や利用についての情報を外部にもらさず、プライバシーを守る（第3）ことが加えられました。

多くの公共図書館で、利用者が読める場所に提示されています。

▶図書館の自由に関する宣言

生活の場に図書館を！

はじまりは移動図書館

　生活の場に図書館があれば、おとなも子どもも気軽に本が借りられます。そんな町の図書館をもっと増やしていくことが大事だと、日本図書館協会が打ち出しました（『中小都市における公共図書館の運営』1963、通称「中小レポート」）。では、どのように図書館を増やしていったらよいのでしょうか。日野市（東京都）では、移動図書館（BM）「ひまわり号」が市内どこへでも出かけていき、半年ほどで6万5千冊の本を貸し出します（1965）。そこから始めて、やがて分館がつくられ、最後に日野市立中央図書館が開設されたのです。

生活の場に図書館をつくるために、人びとは協力しあって各地で図書館づくりを始めていく。一台の移動図書館を走らせることから始まった図書館もあれば、個人の文庫から地域の人びととつながりあって図書館をつくった町もある。

市民とともに歩む図書館

　松原市（大阪府）では、個人のつくった「雨の日文庫」から、子ども文庫連絡会ができ、母親と住民たちによる図書館づくりが始まります。自動車図書館を走らせ、やがて地域文庫が公民館の図書室に入り、松原市民図書館が開館します（1980）。

　浦安（千葉県）では、浦安町立図書館（1969）が海苔箱に本をつめてライトバンで巡回を始めます。図書館では「名作映画鑑賞会」や、絵本作家による「子どもの本の講座」、「えほんのじかん」など、利用者がよろこぶ行事を次つぎ企画し、「いつでもどこでもだれにでも」の合言葉のもと、浦安市立中央図書館が開館します（1983）。

昭和

図書館は人びととともに

❖『市民の図書館』

『市民の図書館』（1970）は、日本図書館協会が発行した中小公共図書館運営の指針となる本です。このなかで、市民の求める本を自由に気軽に貸し出すこと（貸出し）、子どもの読書要求にこたえてサービスすること（児童サービス）、あらゆる人に本を貸し出し、図書館を市民の身近に置くためのサービス網をはりめぐらすこと（全域サービス）を、重点目標としてあげています。

また、利用者が調べものや探しものをするときに、資料や情報を提供するレファレンスサービスも大変重要だとしています。

▶利用者の質問に応えるレファレンスサービス（静岡県立中央図書館）と『市民の図書館』

❖ 使いやすく工夫された建物

図書館の建物にも利用者への配慮がされるようになりました。東京都では、町田市立町田図書館（1972）を建てる前に、利用者が使いやすいように町の様子や住民の調査をしました。昭島市民図書館（1973）は、入口を道路との段差をなくして気軽に入れるようにし、ショーウインドウのように外から本が見えるようにしました。つつじが丘分室は、新幹線の車両を利用して、子どもたちに人気になりました。

▲◀昭島市のつつじが丘分室 新幹線図書館

❖ 町をあげて発展した小さな図書館

置戸町立図書館（北海道）では、住民と関係をていねいにつくっていこうと、冬の農閑期に「読書月間」をつくって馬ゾリでアピールしたり、貸し出し方法を簡単にして本を借りやすくしたり、39のステーションを結んで移動図書館（BM）を走らせたりしました。すると、貸し出し数が1人あたり7.9冊で全国1位になったのです（1976）。あたりまえのことをしっかりやる取り組みは、各地の小さな図書館の手本となりました。

▲雪のなかをソリで走って読書月間の宣伝

『市民の図書館』を参考に各地の中小図書館の仕組みづくりが進み、建築も利用者を考えた利用しやすいものに工夫されていく。市民は図書館をよくするための活動を始め、東京の上野には国立で初めての子ども図書館ができる。

❖ 沖縄に移動図書館が走る

1972年に日本に復帰した沖縄は、日本図書館協会に加入して、図書館の発展に力を入れます。

1976年、初めての移動図書館「青空号」（那覇市立図書館）が那覇市内15か所のステーションをまわりました。「♪たくさん本のせてやってくる、ブック・ブック・ブック」という歌が聞こえると、みんな、家事や遊びの手を止めて走ってきて、車がいなくなってからも本をかかえたまま話がつづく時間を楽しみました。やがて、地域にも分館ができ、県内に図書館が増えていきます。

▶那覇市の国際通りをパレードする沖縄県内初の移動図書館「青空号」

❖ 図書館をよりよくするために

静岡県では、市民たちが図書館を支える活動を始めます。地域館利用者の代表、大学教員、議員、司書たちが「静岡市の図書館をよくする会」（1988年、のちの「静岡図書館友の会」）を立ち上げ、他都市の図書館視察、情報収集などをして、職員や資料費を増やすための提言や署名など、図書館をよりよくするための活動を展開します。

2004年には「図書館友の会全国連絡会」ができ、全国の仲間で練りあげた「私たちの図書館宣言」（2009年総会決議、2012年総会改訂）に示された理想の図書館実現のために、「図書館を支え、守り、すべての人と手をつなぐ」を合言葉に活動をつづけています。

▲県立図書館に対する要望書を知事に提出した「静岡市の図書館をよくする会」などのメンバー（2002）と静岡図書館友の会のパンフレット

❖ 国際子ども図書館の誕生

1996年に「国際子ども図書館基本計画」、1999年に「国立国会図書館法」が改正されると、上野に日本初の子どもの本専門の国立図書館が開設されました（2000）。建物は旧帝国図書館の建物が利用されました。照明の工夫された子どもたちの部屋があり、国内外の子どもの本と資料を収集・保存して、子どもの本の図書館サービスの国際的な拠点ともなっています。

▲1万冊の子どもの本がある開架式の子どもの部屋
どこにいても影ができないように照明が工夫されている

情報の電子化と大震災

情報の電子化と図書館

　コンピュータの普及は、図書館の情報処理や伝達にも大きな影響をあたえます。1995年に世界の電気通信関係閣僚の会議が開かれ、日本は電子図書館プロジェクトを進めることになります。2000年代には、「OPAC」（オンライン図書目録）を使って、蔵書の検索や貸し出し状況の確認、予約ができるようになっていきました。インターネットで世界の図書館とつながって検索したり、資料を取り寄せたりもできるようになります。国立国会図書館はほかの図書館と連携して、レファレンス協同データベースを開始します（2005）。

情報が電子化されると、図書館にOPAC（オンライン図書目録）が置かれ、世界の図書館ともつながった。東日本大震災で被災した図書館は、ボランティアの手も借りながら人びとに本を届け、震災時の資料保存も積極的に行った。

震災からの復興と図書館

　2011年3月11日、東日本大震災が起こると、東北地方の多くの図書館が被害を受けました。東松島市図書館（宮城県）では、4月初め、ブックトラックに本を積んで避難所へ届け、5月には全国各地から届いた本で「青空リサイクル」を開くと、500人以上の行列ができ、子どもたちは手にした本をすぐにその場で読み始めました。

　ボランティア団体も、軽トラックを改造した移動図書館などで、避難所や仮設住宅をまわりました。「本を読むことで心が落ちついて、よくねむれた」「自分で本が選べるのはこんなに幸せなことだったのか」と話す人が多くいたそうです。災害からの復興に、図書館や本の果たした役割も大きかったのです。

平成

図書館ってどんな場所?

❖ あなたの学校の図書館は?

学校図書館には、たくさんの本や資料があって、生徒と先生が利用できます。司書は、本の貸し出し、選書、レファレンスサービス、整理や修理のほかにも、図書館をより使いやすくする工夫をしています。あなたが図書係・図書委員なら、どれかの作業を経験しているかもしれません。学校図書館は、「読書センター」であり、また「学習・情報センター」として、授業や学習を深めるための資料や、デジタル教材、新聞・雑誌などを置いています。

▲静岡市立服織中学校の学校図書館

❖ あなたの地域の図書館は?

あなたの家からいちばん近い図書館はどこですか? そこはどんな図書館ですか? たとえば東京都の墨田区立八広図書館は、開館前に「本との出会い 人との出会い 図書館は本のある広場です」というチラシを地域に配って、子どもからお年よりまで気軽に立ち寄れる場所だとアピールしました。大阪市立生野図書館では、中国・韓国・朝鮮語の本の貸し出しや、地域に住む外国の人たちへのサービスも行い、多文化の人たちが利用しやすくしています。

▲大阪市立生野図書館にある韓国・朝鮮図書コーナー
ハングルの絵本もそろえている

❖ 障害のある人へのサービス

目の不自由な人は、図書館をどのように利用しているのでしょうか。ボランティアや司書が声を出して本を読んだり(対面朗読)、録音したものを貸し出したり(録音図書)、現在は、本の自動読み上げ機やパソコンやスマートフォンも利用できるようになってきました。特別なニーズのある子どもたちのための本をそろえている「りんごの棚」も全国に広がっています。2019年に「読書バリアフリー法」ができて、よりいっそう、障害のある人も利用しやすい方法が工夫されつつあります。

◀▲静岡市立清水興津図書館にある、大きな文字の本、点字の本、図や絵の多い本(LLブック)などをそろえた「りんごの棚」コーナー

52

日本の図書館の現在は、あなたの地域の図書館から見えてくることもある。図書館とはどういう場所か、どういう場所になってほしいか、歴史をたどってきて考えたこと、気づいたことからも考えてみよう。

現代

❖ あかちゃんからお年寄りまで

まだ字が読めないあかちゃんも、お母さんやお父さんとお話会に参加したり、はいはいできるスペースで図書館を楽しめたりします。高齢者や目の不自由な人は、字が大きく書かれた「大活字本」や、テレビ画面に本を映し出せる「拡大読書器」を利用できます。また、本の内容を吹き込んだ「デジタル録音図書」の貸し出しや、本の「宅配サービス」をする図書館もあります。認知症＊になっても今までどおり図書館を利用したい人たちに向けての取り組みも行われています。

＊脳の病気や障害や年をとったのが原因で起こるもの忘れや、判断力・理解力が低下するなどの症状

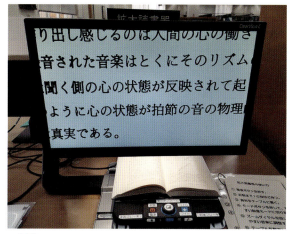

▲拡大読書器
文字を大きくして読める（静岡県立中央図書館）

▲岐阜市立中央図書館のYA（ヤングアダルト）エリア

図書館はみんなの大切な場所だね！

❖ 若者たちの居場所として

若い人たちにも図書館を利用してもらおうと、各図書館では「YAコーナー」や「ティーンズコーナー」などをつくって、中高生におすすめの本をそろえるほか、グループで資料づくりに使える場を提供したりしています。岐阜市立中央図書館のYAエリアには、グループで使える部屋や、くつろげる「談話のへや」があり、中高生たち自身が作成したおすすめブックリストも置いています。図書館の職場体験や図書館見学を行っている館もあります。

❖ 指定管理者制度とは？

2003年「指定管理者制度」ができました。公共図書館の管理運営が、民間企業、NPO法人、市民グループなどの団体に任せられるようになったのです。すると、アプリで本の予約ができる便利なサービスや、商業施設との合併、斬新なデザインの建物が話題になることも増えてきました。一方で、「指定管理者制度」に反対したり、問題があると指摘する人たちも多くいます。なぜでしょうか？右にあげた点をあなたも考えてみてください。

心配される点

- 民間に委託すると、利益が優先されるのではないか。
- 指定期間が3〜5年で区切られると、仕事の継続性と専門性が保障されない。
- 見えにくい大切な仕事もきちんと行われるのか。（資料の収集、蔵書への全体的な目配り、書誌データのケアなど）
- 図書館で働く人たちの給料や待遇が下げられないか。
- 個人情報の管理に責任をもてるのか。
- 運営の責任は委託する側か事業者なのか、責任があいまいにならないか。

53

図書館学の5つの法則とは

最後に、図書館の根本的な姿とはどういうものか、インドの図書館学者ランガナタン博士（1892-1972）が発表した5つの法則を見てみましょう。1931年に発表されて、世界中に広まったものです。

大切にしたい法則だね！

【ランガナタンの5法則】

1 本は利用するためのものである。（Books are for use.）
2 いずれの人にもすべて、その人の本を。（Every person his or her book.）
3 いずれの本にもすべて、その読者を。（Every book its reader.）
4 読者の時間を節約せよ。（Save the time of the reader.）
5 図書館は成長する有機体である。（A library is a growing organism.）

出典：竹内悊／解説 『図書館の歩む道』（日本図書館協会）より

1は、本は集めて大事にしまっておくだけでなく、人が利用するためのもので、図書館はそのためにある、という意味です。よって、利用しやすいように、場所や建物、開館時間、貸出返却方法、館内の本の配置、レファレンスサービスなどを工夫して充実させる必要があるのです。

2は、だれもが、自分の必要とする本を手にできるということです。性別や人種、学歴、住む場所、障害のあるなし、おとな・子ども・高齢者、職業などすべてのちがいを抜きにして、だれでも必要とする本が読める場所が図書館なのです。

3は、本を必要としている人に届けるということです。本の分類、目録、展示、本の紹介などの情報発信や、レファレンスサービスをするということです。

4は、本のわかりやすい分類、見やすい書棚、読みやすい本のラベル、スムーズな貸出法でムダな時間を検約することです。それに加えて、移動図書館や病院サービスなどで利用者の近くまで本を届けることも含まれるでしょう。

5は、図書館は、人びとや社会の希望や時代の要求を取り入れて、つねに変化・成長していく場所だということです。

そのほかに、いちばん基本的なこととして、図書館の「無料利用」があげられています。人が成長し成熟していくことは国民の権利なので、無料で保障されなくてはならないし、図書館はそのことを守り抜いていく義務があるとしています。

この5つの法則は、図書館員や図書館学を学ぶ多くの人たちに支持されているものです。わたしたちがこれからの図書館を考えるときの大切なヒントにもなるでしょう。

自由研究の手引き
あなたの町の図書館の歴史を調べてみよう

あなたの町の図書館の歴史を調べてみましょう。

- まず、歴史を調べてみたい図書館へ行って、「図書館」の棚を探してみます。地域の図書館の歴史は、「郷土資料コーナー」にあることも多いでしょう。
- わからなかったらレファレンスサービスを受けてみましょう。
レファレンスコーナーに行き、「この図書館の歴史を調べたいのですが、それらが書いてある本はどこにありますか？」と、たずねてみます。文庫の歴史、移動図書館の歴史、読書運動の歴史と、本の置き場所がわかれている場合もあるでしょう。
- 本のどこにあなたの調べたいことが載っているかわからなかったら、もう一度、聞いてみましょう。子ども向けの本はあまりないかもしれませんが、わからないことはおとなに聞きながら、以下のことをポイントにまとめていきましょう。

なるほど！ ポイントはここだね！

調べてみたくなってきたニャ！

- ☑ いつから図書館が始まったか。そのきっかけは？
- ☑ どんな場所で、どんな建物で始まったか
- ☑ どんな人たちがかかわっていたのか
- ☑ 図書館の大きな変化はあったか。いつ、どうして？
- ☑ 移動図書館を行ったか。それはいつ？ どんなふうに？
- ☑ 町村立から市立に変わったなどの運営について
- ☑ 戦争の時に焼けてしまったか、戦後、どんなふうに建て直されたか
- ☑ お話会や映画会などの催しはいつから開かれているか。どんなふうに？
- ☑ この図書館が大切にしていることは？ この図書館の特徴は？

資料は手続きをすればコピーさせてもらえます。写真や図などの資料はコピーして切り抜いて、ノートに貼るとよいでしょう。なんの本に載っていたのかを明記するのもわすれずに。

参考にした本は、最後にまとめて書名、著者、出版社を書きましょう。

そして、現在の図書館の様子はあなたが自分の目で観察しましょう。歴史が感じられるものはありますか？ あなたはどんなふうに図書館を利用していますか？ 今回調べてみて、これからはどんなふうに図書館を使ってみたいと思いますか？

55

おわりに

現代はネット社会。どこからでも容易に情報にアクセスできるようになりました。AI（人工知能）が瞬時に答えを出してくれる時代です。もう図書館は必要ないと考えている人は少なくないかもしれません。ところがその一方で世の中は情報であふれ返り、真偽の見分けがつかなくなっている。そんななかから自分が求めている情報をどうやって探すのか、きちんとした見極めが必要です。

図書館は本を読むところ、本を借りるところと考えている人は多いと思います。それも大事なのですが、情報を提供したり、みなさんの質問に答えたり、市民の知る権利を保障するなどさまざまな機能・役割があります。あらためて図書館とは何かを考えてみるとよいと思います。そこをスタート地点にして図書館がこれまでにどんな道を歩んできたのか考えてみよう、というのがこの本です。

今年は2025年、第二次世界大戦が終わってからちょうど80年目になります。日本は一時期アメリカを中心とする占領下におかれ、それまでの国のあり方を変えるよう求められました。公共図書館や学校図書館もそのときに整備されました。無料でだれもが自由に図書館を利用できるようになったのはこのときからです。以来、公共図書館は民主主義のもと市民とともに歩んできました。

ではそれ以前の図書館はどうだったのか。これまでに学んだ歴史に関する知識と照らし合わせながら読んでみてください。新たな発見があるかもしれません。この本ではメディアや情報の移り変わりについても見ていきます。それぞれの時代によって異なりますが、人びとは知識・情報を収集し、共有しあいながら新しい社会をつくり上げてきました。写真や絵を手がかりに、時間と空間を超えた世界を楽しんでください。人びとが文化をどのように成熟させ継承させてきたのかも理解できると思います。

ところで最後にランガナタンの「5法則」が出てきますが、みなさんはどのように感じましたか。じつはこの本の編集会議のときに、著者の堀切さんが懇意にしている児童文学者の草谷桂子さん（自ら文庫を運営し、地域の図書館振興に尽力されている）が、図書館の話になると必ず「ランガナタンの5法則が大事」と言っていることが話題になりました。堀切さんは、みなさんにも「5法則」をぜひ紹介したいと考えたようです。

歴史をひもとくことは、先人の示す図書館の姿を心に刻むことですが、同時に図書館はどうあるべきかを考える視点をもつことが重要、ということだと思います。

監修者／奥泉和久

監修：奥泉和久（おくいずみ　かずひさ）

1950年、東京都生まれ。日本図書館協会、日本図書館文化史研究会、日本図書館研究会、としょかん文庫・友の会などの会員。編著に『現代日本図書館年表1945-2020』『図書館史の書き方・学び方―図書館の現在と明日を考えるために』（日本図書館協会）、共著に『図書館と読書の原風景を求めて』『人物でたどる日本の図書館の歴史』（青弓社）などがある。

文：堀切リエ（ほりきり　りえ）

1959年、千葉県市川市生まれ。著書に『伝記を読もう　田中正造』『同　阿波根昌鴻』（あかね書房）、『非暴力の人物伝　ガンジー・阿波根昌鴻』（大月書店）、『あっぱれ！どぐうちゃん』（ポプラ社）、『日本の伝説　きんたろう』（子どもの未来社）、共訳に『ルドルフ　赤い鼻のトナカイ』『ほんbook』（子どもの未来社）がある。

絵：いしい つとむ

1962年、千葉県香取市生まれ。絵本に『子どもたちの日本史（全5巻）』（大月書店）、『ふねのとしょかん』（文研出版）、『くるしま童話名作選　なだれうさぎ』『日本の伝説　きつねの童子　安倍晴明伝』（子どもの未来社）、『ばあばは、だいじょうぶ』（童心社）、『ようかいびより』（あかね書房）、『ポコペン！』（イマジネーション・プラス）、『ファイト！ドッジボール』（文研出版））などがある。

図解イラスト　松田志津子
装丁・本文デザイン／稲垣結子（ヒロ工房）
編集／子どもの未来社編集部

絵で見る 日本の図書館の歴史

2025年1月17日　第1刷発行
2025年6月30日　第2刷発行

著者　　堀切リエ、いしい つとむ
発行者　奥川 隆
発行所　子どもの未来社
　　　　〒101-0052　東京都千代田区神田小川町3-28-7-602
　　　　TEL 03-3830-0027　FAX 03-3830-0028
　　　　Email：co-mirai@f8.dion.ne.jp
　　　　http://comirai.shop12.makeshop.jp/

振　替　00150-1-553485
印所・製本　シナノ印刷株式会社

©HORIKIRI Rie、ISHII Tutomu　2025　Printed in Japan
ISBN 978-4-86412-435-5
C8021　NDC010　56頁　28.3cm×21.3cm

＊定価はカバーに表示してあります。落丁・乱丁の際は送料弊社負担でお取り替えいたします。
＊本書の全部、または一部の無断での複写（コピー）・複製・転訳、および磁気または光記憶媒体への入力等を禁じます。複写等を希望される場合は、小社著作権管理部にご連絡ください。

さくいん

あ

青柳文庫	25
青柳文蔵	25
昭島市民図書館	48
秋田県立秋田図書館	30
足利学校	17, 18
校倉造り	10
雨の日文庫	47
池田光政	22
射和文庫	25
石井桃子	42, 45
石川県立図書館	31
石上宅嗣	11
移動図書館 (BM)	41, 46, 47, 49, 51, 54
移動図書館船「ひまわり」	41
岩倉使節団	26
上杉憲実	17
上野図書館	39
宇治文蔵	15
浦安市立中央図書館	47
浦安町立図書館	47
芸亭	11
江戸城	18, 20, 21
大内版 (山口本)	18
大内義弘	18
大阪市立生野図書館	52
大阪図書館 (大阪府立中之島図書館)	29
太田道灌	18
大橋佐平	29
大橋図書館	29, 36
岡田健蔵	31
岡山県立戦捷記念図書館	33
岡山図書館 (市立)	33
岡山婦人読書会	33
沖縄図書館 (県立)	40
沖縄中央図書館	40
置戸町立図書館	48
OPAC (オンライン図書目録)	50
親子読書地域文庫全国連絡会	44
折本	7

か

開架式	31, 40
科学読物研究会	44
香川県教育会図書館	33
拡大読書器	53
鹿児島県立図書館	41
貸本屋	23, 24, 25
学校教育法	40, 43
学校図書館の手引	40
学校図書館法	40, 43
活版印刷	19, 25
かつら文庫	42, 45
家庭文庫	33, 42
金森徳次郎	39
金沢文庫	16
上郷図書館	33
紙の製法	6, 7
かわら版	24, 25
韓国・朝鮮図書コーナー	52
漢字	4, 5
巻子本	7
関東大震災	35
岐阜市立中央図書館	53
教育基本法	40
教育令	28, 29
経蔵	13
京都集書院	28
郷土資料コーナー	55
グーテンベルク	19
楔形文字	4, 5
くめがわ電車図書館	45
遣隋使	8, 10
遣唐使	8
甲骨	5, 6
格子なき図書館	40
高知市民図書館	41
紅梅殿	14
高齢者	53, 54
国際子ども図書館	49
国民精神総動員文庫	37
国立国会図書館	39, 50
国立国会図書館法	39, 49
五山版	19

さ (right column continued)

国家総動員法	37
子どもと科学よみもの	44
子どもと読書	44
子どもの図書館	42
子どもの本棚	44
子ども文庫	43, 44, 45

さ

斎藤尚吾	44
堺市立図書館	37
佐賀図書館	31
佐野友三郎	30, 31
CIEの図書館	38
司書	32, 33, 40, 52
司書教諭	43
司書補	40
閑谷学校	22
指定管理者制度	53
児童閲覧席	31
児童室・児童コーナー	34
児童読物改善ニ関スル指示要綱	36
市民の図書館	48, 49
社会教育	33, 36
写経所	12, 13
自由民権運動	27
十進分類表	30, 36
巡回文庫	30, 31, 33
障害	52, 53, 54
象形文字 (ヒエログリフ)	4, 5
聖徳太子	10
昌平坂学問所	21
書屋	10
書籍館	26, 28
書写生	12, 13
書籍縦覧所 (島根県)	28
書物奉行	20, 23
新幹線図書館 (つつじが丘分室)	48
陣中文庫	37
新聞縦覧所	27, 35
菅原道真	14
図書寮	9, 11, 13
墨田区立八広図書館	52
静勝軒	18